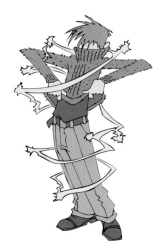

El jersey del abuelo

español
Santillana

2

3

4

De repente, Miguel ve a dos cachorros de león.
Detrás vienen dos hombres en un coche.
Los cachorros de león corren muy rápido.

Miguel ayuda a los cachorros. Los cachorros se esconden detrás de un árbol. Miguel habla con los hombres.

¿Dónde están los cachorros de león?

Por allí.

7

8

9

De repente, el jersey mágico empieza a moverse y Miguel ya no ve a los cachorros ni a los otros animales.

¡Adióóóóóós!

Por la noche, algunos animales del bosque hablan con el orangután. Hay pájaros, serpientes, insectos y monos. Quieren ayudar al orangután.

Hay una isla. En la isla hay muchos orangutanes y están todos muy contentos.

¡Nosotros te vamos a ayudar!

Pero ¿cómo voy hasta allí?

Miguel y el orangután llegan a la isla. El bebé orangután está muy contento. Hay muchos orangutanes en la isla.

De repente, el jersey mágico empieza a moverse y Miguel ya no ve al orangután ni la isla.

¡Adióóóóós! ¡Buena suerte, pequeño orangután!

Ana está muy contenta. Le encantan las historias del abuelo. Ahora entiende por qué el abuelo ama a los animales. Pero Ana tiene que volver a su casa.

Son las cinco, Ana. Tienes que volver a casa.

¡Vale, abuelo! Pero ¿puedo venir a verte pronto?

La mamá de Ana tiene un regalo. Es un regalo para Ana. Es un regalo para Ana del abuelo.

¡Hola, Ana! Mira, un regalo del abuelo.

el árbol

la barca

el bosque

el cachorro
de león

la comida

cortar el árbol

correr rápido,
más rápido

escapar

esconderse

Pictodiccionario

los hombres

la isla

el jersey, el suéter

ponerse el jersey,
ponerse el suéter

el regalo

ser vago, ser flojo

tener
hambre

tener
miedo

ver la
televisión

24